이야기로 보는 탐험 지도책

세계를 바꾼 놀라운 발견

글 김경희 | 그림 조숙은 | 감수 최유리

차 례

4 탐험의 역사 속으로 출발!

8 동양을 세상에 알린 마르코 폴로
12 똑!똑! 마르코 폴로의 발자취를 찾아서

14 신대륙을 발견한 콜럼버스
18 똑!똑! 콜럼버스의 발자취를 찾아서

20 바스코 다 가마와 인도
24 똑!똑! 바스코 다 가마의 발자취를 찾아서

26 마젤란과 함께 세계 일주
    30 똑!똑! 마젤란의 발자취를 찾아서

32 아프리카를 사랑한 리빙스턴
    36 똑!똑! 리빙스턴의 발자취를 찾아서

38 남극을 탐험한 아문센
    42 똑!똑! 아문센의 발자취를 찾아서

44 세계 탐험에서 진짜 나를 찾는 탐험으로!

46 못다 한 세계 탐험 이야기

탐험의 역사 속으로 출발!

"아휴, 창피해!"
학교에서 돌아온 주한이는 이불을 푹 뒤집어쓰고 누웠어요.
"너, 탐험가 콜럼버스도 아문센도 모른단 말이야?
그 아저씨들 발견이 얼마나 중요한데! 에이, 실망이야!"
짝꿍 지원이의 목소리가 아직도 귓가에 윙윙거렸어요.
'체, 발견이니 탐험이니 하는 게 무슨 소용이야? 다 옛날 얘기인 걸.'

마음이 상해 있는 주한이에게 아빠가 물었어요.
"주한아, 학교에서 무슨 일 있었니?"
주한이는 머뭇거리다가 수업 시간에 친구들 앞에서
놀림당한 이야기를 아빠에게 들려주었어요.
"아빠, 옛날 탐험가들 이야기를 왜 알아야 해요?
저는 탐험이나 발견에는 흥미가 없는데…….
그걸 아는 게 저한테 무슨 도움이 되나요?"

아빠는 곰곰 생각했어요.
"주한아, 세계 지도 한번 가져와 볼래?"
"세계 지도요?"
"그래. 네가 탐험가들의 발견이 세계 역사를
어떻게 바꿨는지 잘 몰라서 그런 모양이야.
호기심과 끈기를 가지고 세계를 누빈 탐험가들의 이야기에
숨겨진 지식들이 얼마나 놀라운지 모른단다."
주한이는 작년 생일 선물로 받은 세계 지도를 꺼내 왔어요.
받고 나서 한 번도 꺼내 보지 않은 지도에는 먼지가 수북했지요.
아빠가 입김을 후 불어 먼지를 털어 내고 세계 지도를 펼쳤어요.

동양을 세상에 알린 마르코 폴로

원은 1206년 몽고 제국을 건설한 칭기즈 칸의 손자 쿠빌라이 칸이 1271년에 세운 나라예요. 쿠빌라이 칸은 오늘날의 터키와 폴란드에 이르는 넓은 땅을 차지하며 원 최고의 전성기를 이끌었던 사람이에요.

폴로가 이탈리아의 상인인 아버지와 삼촌을 따라
원으로 향하는 탐험 길에 오른 것은 열일곱 살 때였어.
폴로의 고향 베네치아에서 원까지는 길이 너무 멀고 험해 아무나 쉽게 갈 수 없었지.
폴로는 거대한 파미르 고원을 지나고, 뜨겁고 건조한 고비 사막도 건넜어.
때로는 무서운 도적 떼를 만나 죽을 고비를 넘기기도 했지.
그렇게 약 3년 만인 1275년에 원에 도착할 수 있었단다.
폴로가 거쳐 온 길이 바로 비단길이야.
이 길을 통해 중국의 비단과 종이와 화약이,
서양의 보석과 유리 제품들이 전해졌지.
힘들게 원에 온 그들은 끝없이 펼쳐진 초원에 서 있는
대리석의 아름다운 궁전을 바라보며 이렇게 말했을 거야.
"폴로야, 이곳이 바로 칸이 사는 궁전이란다."
그리고 원의 황제였던 쿠빌라이 칸은 "어서 오시오." 하며 반갑게 맞이했겠지.
세계 여러 나라의 문화에 관심이 많고 학식이 깊었던 칸은 원나라의 말과 풍습을
금세 익힌 마르코 폴로를 자주 불러 다른 나라 문화에 대해 이야기를 나눴단다.

- 비단길은 아시아를 가로질러 중국과 서양 여러 나라들을 연결했던 옛 무역로로, 중국의 주요 특산물인 비단이 이 길을 통해 전해졌다고 해서 붙여진 이름이에요.
- 칸은 몽고 제국의 황제를 일컫는 말이에요.

원 곳곳에는 말을 바꿔 타는 곳인 '역참'이 있었어요. 땅이 넓었던 원은 역참을 만들어 먼 길을 떠나는 관리들이 말을 바꿔 타거나 쉬어 갈 수 있도록 했지요.

폴로는 원에서 사용하던 지폐를 보고 깜짝 놀랐어요. 지폐는 물물 교환보다 훨씬 편리하게 물건을 사고팔 수 있는 화폐예요. 원의 지폐는 유럽보다 무려 4백 년이나 앞선 것이에요.

아버지와 삼촌과 함께 공주를 수행한 마르코 폴로는 배를 타고 인도양을 지나 페르시아 만의 호르무즈에 도착했어요. 처음 수백 명이던 일행이 겨우 십여 명만 남았을 정도로 매우 험난한 여정이었지요.

약 2년 6개월 만에 호르무즈에 도착한 마르코 폴로는 1년 정도 지난 1295년에야 마침내 고향 베네치아에 도착할 수 있었답니다.

베네치아는 동양과의 무역을 통해 엄청난 부를 얻은 항구 도시였어요. 동양에서 온 비단과 향신료, 보석과 같은 진귀한 물건들은 지중해 항구 도시 베네치아에 모여 전 유럽으로 퍼졌답니다.

총명한 폴로가 마음에 들었던 쿠빌라이 칸은
폴로에게 원의 여러 지역을 둘러보는 일을 맡겼단다.
덕분에 폴로는 인도와 미얀마 같은 나라까지 여행할 수 있었지.
기암괴석과 푸른 자연이 어우러진 빼어난 풍경,
사람이 만들었다고는 믿을 수 없을 만큼 아름다운 건축물과
기이한 동식물은 폴로의 눈길을 사로잡기에 충분했어.
폴로는 동양의 신비하고 아름다운 문화에 푹 빠져 버렸지.
여행에서 돌아온 폴로는 쿠빌라이 칸에게 원 곳곳의 이야기를 들려주었어.
쿠빌라이 칸은 그러한 폴로를 믿고 아꼈으며
폴로 역시 열린 사고를 지닌 쿠빌라이 칸을 존경했지.
그렇게 17년이란 세월이 흘렀어.
폴로와 아버지, 삼촌은 고향 베네치아가 점점 그리워졌지.
그러던 중 마침내 고향으로 돌아갈 기회가 찾아왔어.
칸의 공주가 일한국의 왕과 결혼을 하게 된 거야.
그래서 칸은 일한국이 있는 페르시아 땅까지 공주를 안내할 사람이 필요했지.
칸은 폴로를 보내고 싶지 않았지만, 가는 길이 몹시 위험해서
여행 경험이 풍부한 폴로 일행의 도움이 꼭 필요했어.
칸은 폴로 일행에게 공주를 안전하게 모시라고 명령했고
폴로는 즐거운 마음으로 받아들였단다.

• 기암괴석은 기이하게 생긴 바위와 괴상하게 생긴 돌을 말해요.
•• 일한국은 칭기즈 칸의 손자 훌라구 칸이 세운 몽고 제국의 나라 중 하나로, 지금의 이란 근처 땅이에요.

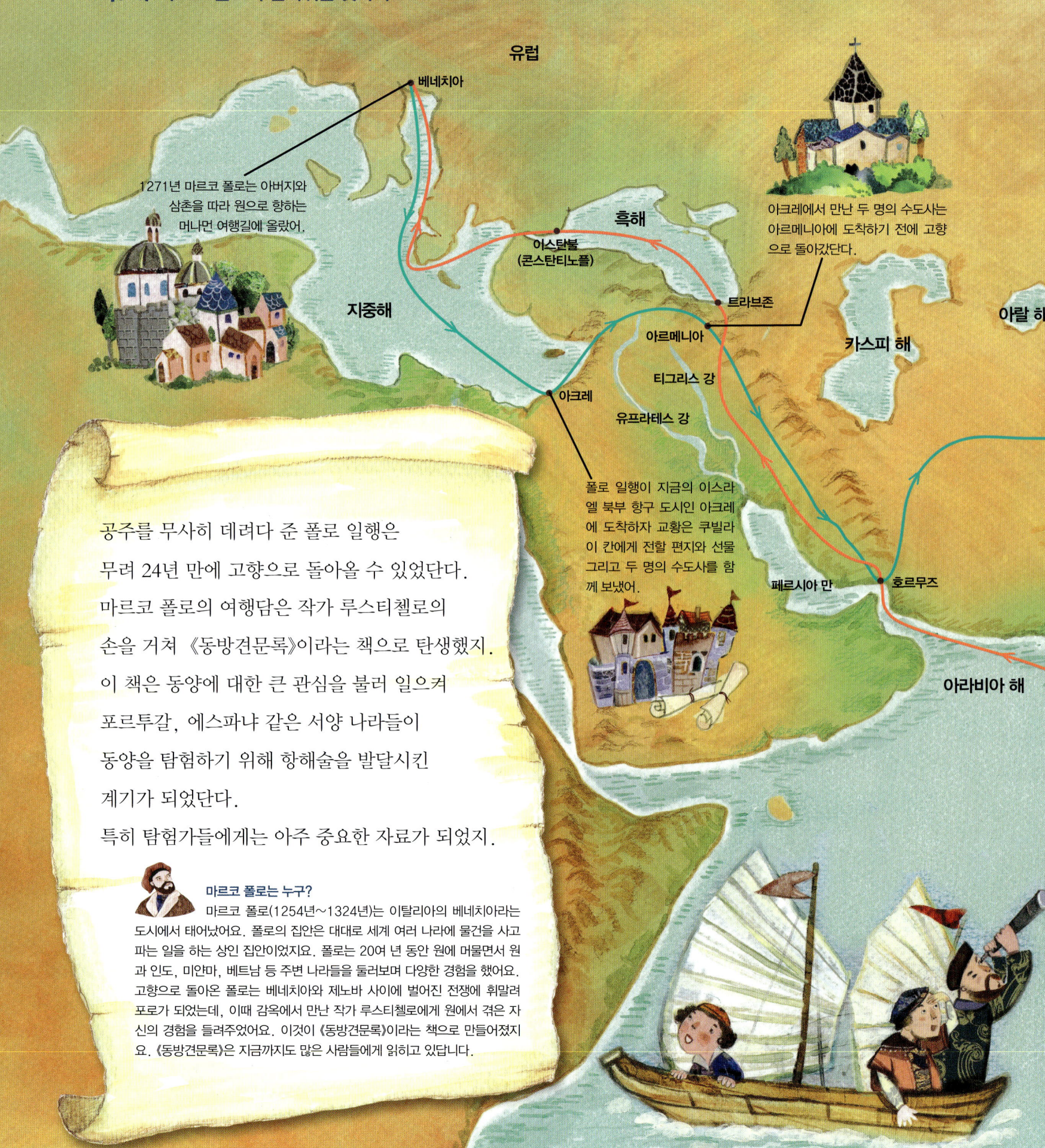

똑! 똑! 마르코 폴로의 발자취를 찾아서

1271년 마르코 폴로는 아버지와 삼촌을 따라 원으로 향하는 머나먼 여행길에 올랐어.

아크레에서 만난 두 명의 수도사는 아르메니아에 도착하기 전에 고향으로 돌아갔단다.

폴로 일행이 지금의 이스라엘 북부 항구 도시인 아크레에 도착하자 교황은 쿠빌라이 칸에게 전할 편지와 선물 그리고 두 명의 수도사를 함께 보냈어.

유럽 / 베네치아 / 흑해 / 이스탄불 (콘스탄티노플) / 지중해 / 트라브존 / 아르메니아 / 아랄 해 / 카스피 해 / 아크레 / 티그리스 강 / 유프라테스 강 / 페르시아 만 / 호르무즈 / 아라비아 해

공주를 무사히 데려다 준 폴로 일행은 무려 24년 만에 고향으로 돌아올 수 있었단다. 마르코 폴로의 여행담은 작가 루스티첼로의 손을 거쳐 《동방견문록》이라는 책으로 탄생했지. 이 책은 동양에 대한 큰 관심을 불러 일으켜 포르투갈, 에스파냐 같은 서양 나라들이 동양을 탐험하기 위해 항해술을 발달시킨 계기가 되었단다.
특히 탐험가들에게는 아주 중요한 자료가 되었지.

마르코 폴로는 누구?

마르코 폴로(1254년~1324년)는 이탈리아의 베네치아라는 도시에서 태어났어요. 폴로의 집안은 대대로 세계 여러 나라에 물건을 사고 파는 일을 하는 상인 집안이었지요. 폴로는 20여 년 동안 원에 머물면서 원과 인도, 미얀마, 베트남 등 주변 나라들을 둘러보며 다양한 경험을 했어요. 고향으로 돌아온 폴로는 베네치아와 제노바 사이에 벌어진 전쟁에 휘말려 포로가 되었는데, 이때 감옥에서 만난 작가 루스티첼로에게 원에서 겪은 자신의 경험을 들려주었어요. 이것이 《동방견문록》이라는 책으로 만들어졌지요. 《동방견문록》은 지금까지도 많은 사람들에게 읽히고 있답니다.

신대륙을 발견한 콜럼버스

콜럼버스 일행은 이곳에서 만난 타이노 족 원주민들이 '타바코'라고 하는 담뱃잎을 말려서 둥글게 말아 피우는 모습을 신기하게 여겼어요. 이것이 오늘날 담배의 기원이랍니다.

콜럼버스 일행은 원주민들이 나무와 나무 사이에 침대를 매달아서 자는 모습을 보고 '해먹'이라는 흔들 침대를 만들었어요.

원주민들은 배를 타고 온 콜럼버스 일행이 하늘에서 온 거라 생각하고 아주 친절히 대했어요. 원주민들은 콜럼버스 일행이 준 선물에 대한 답례로 앵무새와 옷감 등을 주었답니다.

1492년 8월 3일 콜럼버스 일행은 하얀 물살을 가르며 인도로 향했어. 인도는 온갖 보석과 비싼 향신료가 나는 땅으로 알려져 있었단다.
"어서 황금을 찾아옵시다. 갑시다, 인도로!"
콜럼버스는 호기롭게 외쳤어. 하지만 거친 파도를 이겨 내며
한 달 넘게 항해를 해도 인도는 보이지 않았지.
"처음부터 황금의 땅은 없었어! 그만 포기하고 고향으로 갑시다!"
실망한 선원들은 콜럼버스에게 항의했지만,
콜럼버스는 선원들을 다독이고 설득하여 배를 계속 몰았어.

• 향신료는 맛을 더하기 위해 음식에 넣는 조미료로 후추, 계피, 정향 등이 있어요.

어느 날, 바다를 살피던 콜럼버스의 눈에 새로운 섬이 보였어.
"육지다! 육지!" 하고 콜럼버스가 기뻐 소리치자,
선원들이 갑판으로 우르르 몰려들며 환호성을 질렀어.
1492년 10월, 신대륙을 발견한 감격적인 순간이었지.
콜럼버스는 그 섬을 '성스러운 구세주'라는 뜻으로
'산살바도르 섬'이라고 이름 지었어.
배에서 내린 콜럼버스와 선원들은
섬 원주민들의 환심을 사기 위해
유럽에서 가져온 빨간 모자와 유리 목걸이를 나눠 주었어.
원주민들은 콜럼버스 일행을 반갑게 맞이했단다.
훗날 어떤 일이 일어날지도 모르고 말이야.

콜럼버스는 자신이 발견한 섬이 인도와 가까운 아시아 땅의 일부인 줄 알았어요. 그래서 이 섬의 원주민들을 인도 사람이라는 뜻의 '인디언'이라고 했어요.

콜럼버스가 탐험을 떠날 당시에는 유럽과 아시아, 아프리카가 하나의 대륙으로 이루어져 있다고 생각했어요. 그 밖에 다른 대륙이 있다고는 생각하지 못했지요. 그래서 콜럼버스는 자신이 있는 곳이 아메리카가 아닌 아시아 대륙의 일부라고 확신했어요.

15세기는 유럽의 배들이 세계를 돌아다니며 무역을 하고 항로를 개척하는 활동이 활발하던 '대항해 시대'였어요. 특히 콜럼버스의 항해를 지원한 에스파냐 그리고 포르투갈의 왕들은 새로운 대륙을 발견하는 것에 무척 관심이 많았지요. 신대륙을 발견하면 그곳의 자원도 얻고 자기 나라 땅으로 만들어 다스릴 수도 있었거든요.

콜럼버스는 황금을 찾기 위해 원주민들이 가르쳐 준 대로
섬 주변을 수색하며 황금을 찾아 헤맸어. 그러다가 쿠바 섬을 발견하게 되었지.
"저곳이 꿈에 그리던 황금 도시일지도 몰라!"
콜럼버스는 이렇게 생각했지만, 그들이 꿈꿨던 황금의 섬은 아니었어.
쿠바는 그저 카리브 해의 평화롭고 아름다운 섬일 뿐이었지.
콜럼버스는 두 달 넘게 주변 섬을 샅샅이 훑어보았지만 황금이 많이 있는 섬은 찾지 못했어.
황금의 섬을 찾아 헤매던 콜럼버스는 쿠바 옆 히스파니올라 섬까지 갔다가
해안에서 산타마리아 호가 암초에 부딪쳐 좌초되었어.
콜럼버스는 남은 배로 항해를 계속할 수 없다고 판단하고 이 섬을 에스파냐 땅이라고 선언한 뒤
그곳에 40여 명의 선원들을 남겨 두고 떠났어. 두 달 뒤 콜럼버스는 에스파냐 팔로스 항에 도착했어.
콜럼버스는 금, 진주, 담배 같은 진기한 물건과 여섯 명의 원주민들을 왕과 여왕에게 바쳤지.
에스파냐의 왕과 여왕은 크게 기뻐하며 콜럼버스에게 귀족의 칭호를 내렸단다.

* **좌초**는 배가 암초에 얹히는 걸 말해요.

당시 옥수수는 아메리카 여러 지역에서 재배되고 있었어요. 이를 본 콜럼버스가 옥수수를 에스파냐로 가지고 가 전파했지요. 옥수수는 금세 전 유럽과 아시아로 퍼져 지금까지도 사랑받는 작물이 되었어요.

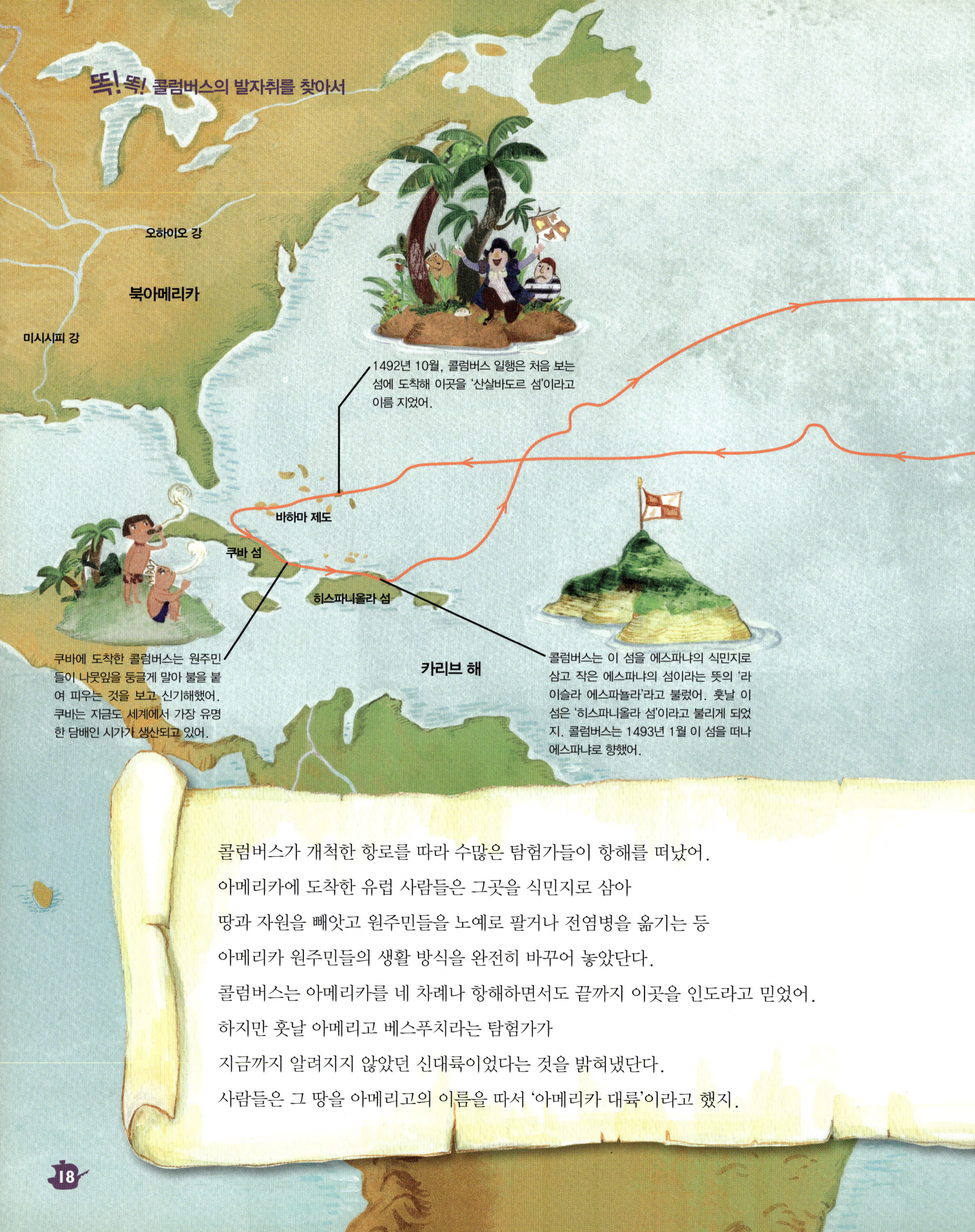

똑! 똑! 콜럼버스의 발자취를 찾아서

오하이오 강

북아메리카

미시시피 강

1492년 10월, 콜럼버스 일행은 처음 보는 섬에 도착해 이곳을 '산살바도르 섬'이라고 이름 지었어.

바하마 제도

쿠바 섬

히스파니올라 섬

카리브 해

쿠바에 도착한 콜럼버스는 원주민들이 나뭇잎을 둥글게 말아 불을 붙여 피우는 것을 보고 신기해했어. 쿠바는 지금도 세계에서 가장 유명한 담배인 시가가 생산되고 있어.

콜럼버스는 이 섬을 에스파냐의 식민지로 삼고 작은 에스파냐의 섬이라는 뜻의 '라 이슬라 에스파뇰라'라고 불렀어. 훗날 이 섬은 '히스파니올라 섬'이라고 불리게 되었지. 콜럼버스는 1493년 1월 이 섬을 떠나 에스파냐로 향했어.

콜럼버스가 개척한 항로를 따라 수많은 탐험가들이 항해를 떠났어.
아메리카에 도착한 유럽 사람들은 그곳을 식민지로 삼아
땅과 자원을 빼앗고 원주민들을 노예로 팔거나 전염병을 옮기는 등
아메리카 원주민들의 생활 방식을 완전히 바꾸어 놓았단다.
콜럼버스는 아메리카를 네 차례나 항해하면서도 끝까지 이곳을 인도라고 믿었어.
하지만 훗날 아메리고 베스푸치라는 탐험가가
지금까지 알려지지 않았던 신대륙이었다는 것을 밝혀냈단다.
사람들은 그 땅을 아메리고의 이름을 따서 '아메리카 대륙'이라고 했지.

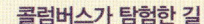

콜럼버스가 탐험한 길
1492년~1493년

유럽

지중해

1492년 8월 3일, 콜럼버스는 에스파냐의 이사벨라 여왕의 후원으로 항해를 시작했어.

아조레스 제도

팔로스 항

아틀라스 산맥

카나리아 제도

사하라 사막

아프리카

나이저 강

팔로스 항에서 출발한 지 9일 뒤, 카나리아 제도에 도착한 콜럼버스는 항해를 보름 정도만 더 하면 인도에 도착할 거라고 생각했어.

세네갈 강

대서양

카보베르데 제도

 **콜럼버스는 누구?**
콜럼버스(1451년~1506년)는 이탈리아의 제노바에서 태어났어요. 콜럼버스는 가장 유명한 탐험가지만, 어디서 태어나고 어떤 어린 시절을 보냈는지는 잘 알려져 있지 않아요. 하지만 어렸을 때부터 바닷가에서 항해를 꿈꾸었다고 해요. 성인이 된 콜럼버스는 에스파냐 여왕의 후원으로 대서양을 건너 새로운 땅을 발견하고 항로를 개척했어요. 콜럼버스는 첫 번째 항해를 성공적으로 마친 다음 세 번이나 더 탐험을 떠났어요. 그러나 점점 항해 결과가 좋지 않아 마침내 탐험대에서 쫓겨나고 말아요. 결국 콜럼버스는 쓸쓸하게 지내다가 세상을 떠났답니다.

 콜럼버스의 탐험으로 아메리카 원주민들이 어려움을 겪었다니 안타까워요. 아빠, 그럼 진짜 바닷길로 인도에 간 사람은 누구예요?

 포르투갈의 바스코 다 가마야. 다 가마는 어떻게 인도를 발견했는지 살펴볼까?

 # 바스코 다 가마와 인도

"이러다 에스파냐가 먼저 인도를 차지하는 거 아냐?"
15세기 포르투갈 왕 마누엘 1세는 에스파냐가 콜럼버스를 시켜 인도로 가는 뱃길을 개척하려 한다는 정보를 듣고 깜짝 놀랐어.
그래서 급히 바스코 다 가마를 불렀지.
당시에는 포르투갈과 에스파냐가 서로 더 많은 신대륙을 차지하겠다며 경쟁을 벌였던 때야.
"바스코 다 가마! 인도로 가는 새 항로를 개척해 주게."
포르투갈 왕은 바스코 다 가마에게 탐험대 총사령관의 지위를 내렸지.
1497년 7월, 바스코 다 가마는 마누엘 1세의 명령을 받들어 네 척의 배에 160여 명의 선원들을 태우고 아프리카 주위를 빙 돌아 인도로 항해를 떠났어.

향신료는 냉장 보관이 어려워 고기가 쉽게 썩던 당시 고기의 상한 냄새를 없애는 데 꼭 필요한 것이었어요. 특히 고기를 주로 먹는 유럽 사람들에게 더욱 중요했지요.

당시 유럽 사람들은 향신료를 구하기 위해 멀고 험한 육지 길을 통해야만 했어요. 그러나 육지 길은 이미 이슬람 국가들이 장악하고 있어 유럽 사람들은 이슬람 상인들에게 비싼 돈을 내고 향신료를 구해야 했지요.

15세기 유럽에서는 후추나 계피 같은 향신료가 나지 않았어요. 그래서 향신료는 무척 귀하고 비쌌지요. 손님에게 대접하는 음식에 향신료를 얼마나 뿌렸는지 보고 그 사람이 부자인지 아닌지를 판단할 정도였다고 해요.

아프리카 희망봉에 닿은 탐험대는
유럽 사람들의 발길이 닿지 않은 미지의 바다를 항해하며
거친 파도와 바람과도 밤낮없이 싸웠어.
그렇게 아프리카 동쪽 해안의 모잠비크, 말린디를 거쳐
1498년 5월 20일 꿈에 그리던 인도에 도착했단다.
"해냈다! 우리가 인도로 가는 항로를 개척했어!"
다 가마의 탐험대가 도착한 곳은 인도의 캘리컷이었어.
항구에는 세계 여러 나라에서 온 큰 배와
상인들로 북적였는데, 상인들은 쉴 새 없이
배로 무언가를 실어 나르고 있었지.

· 희망봉은 남아프리카공화국 남쪽 끝에 있는 뾰족한 육지로,
  포르투갈 왕은 이곳의 거친 바다를 지나는 항해자들이 희망을 가지길 바라며
  '희망봉'이라는 이름을 붙였어요.
·· 캘리컷은 오늘날 코지코드라고 불리는 인도 남서부의 무역 도시로,
  향신료 교역이 활발히 이루어지던 곳이었어요.

향신료 무역으로 많은 돈을 번 캘리컷의 왕 자모린은 바스코 다 가마가 가져온 선물들이 눈에 차지 않았어요. 자모린 왕이 향신료를 거래하는 대신 금과 은을 요구했을 정도로 향신료의 가치는 높았답니다.

'설마 저게 모두 향신료일까?'
다 가마는 물건을 싣고 있는 이슬람 상인에게 다가가
모르는 척하며 배에 싣는 것이 무엇인지 물었지.
그랬더니 이슬람 상인이 "이건 모두 향신료라오." 하고 말했단다.
산더미처럼 쌓인 향신료를 본 다 가마는 입을 다물지 못했어.
'이 향신료를 보고 그냥 지나칠 수 없지. 캘리컷 왕을 만나야겠어.'
다 가마는 캘리컷의 왕 자모린을 찾아가 포르투갈에서 가져온
줄무늬 옷감, 세숫대야, 설탕 등을 잔뜩 건네며 말했어.

포르투갈 사람들은 배로 세계 곳곳을 누비며 무역하고 항로를 개척하는 데 가장 앞장선 사람들이었어요. 특히 포르투갈의 엔리케 왕자는 미지의 세계를 탐험해 보고 싶어 아프리카에 사람을 보내 탐험하게 하면서 대항해 시대를 연 인물이기도 해요.

"향신료를 거래하고 싶습니다."
선물을 힐끗 본 자모린은 얼굴을 찌푸렸어.
다 가마의 선물이 모두 형편없어 보였거든.
향신료 거래는 점점 어려워졌어.
게다가 인도와의 무역을 장악하고 있던 이슬람 상인들은
육지 길이 아닌 바닷길로 온 다 가마 일행이
향신료를 구하는 걸 못마땅하게 여겼고
다 가마 일행이 잔인한 해적이라는 소문까지 퍼지고 말았어.
결국 다 가마는 캘리컷에서
약간의 향신료와 보석만 가지고
포르투갈로 돌아갈 수밖에 없었단다.
새 항로를 개척하고 돌아온 다 가마는
단번에 포르투갈의 영웅이 되었고,
'인도양의 제독'이라는 칭호를 얻었지.

> 향신료를 실은 바스코 다 가마의 배는 약 1년 뒤에 포르투갈 리스본으로 돌아왔어요. 처음 출발할 때는 선원이 160여 명이었으나 돌아온 선원은 겨우 50여 명뿐이었어요. 다 가마는 바닷길로 인도에 발을 내딛은 최초의 유럽인이 되었답니다.

아시아

시르다리야 강

인더스 강

인도

고아

다 가마는 인도의 고아에 도착했어.

코지코드(캘리컷)

주한아, 포르투갈은
바스코 다 가마의 새 인도 항로 개척으로
바닷길을 통한 향료 무역을 독점하여
엄청난 이익을 얻었어.
몇 해 뒤, 브라질 항로까지 개척한 포르투갈은
향료뿐만 아니라 사금, 담배, 노예 무역까지 활발해졌단다.
포르투갈의 수도 리스본에는 세계 각지에서 온
진기한 물건들로 넘쳐나게 되었어.
마침내 포르투갈은 새로운 항로 개척으로
강력한 해양 왕국이 될 수 있었단다.

바스코 다 가마는 누구?
바스코 다 가마(1460년 또는 1469년~1524년)는 바다를 누비는 선장이자 천문학자이며 결단력 있는 군인이었어요. 포르투갈에서 태어난 다 가마는 1497년 포르투갈 왕의 명령으로 인도로 가는 항로를 개척했지요. 많은 어려움을 겪고 돌아온 바스코 다 가마는 단숨에 포르투갈의 영웅이 되어 두 차례 더 인도로 떠났어요. 하지만 인도로 향하는 마지막 항해에서 말라리아와 과로가 겹쳐 세상을 떠났답니다.

1498년 5월 20일, 드디어 다 가마는 인도 말라바르 해안에 있는 캘리컷에 도착해 그곳의 통치자 자모린을 만날 수 있었어. 드디어 동방으로 가는 항로가 개척된 거지.

 포르투갈 탐험가 바스코 다 가마의 끈기와 노력이 없었다면 인도로 가는 새 바닷길을 개척할 수 없었겠네요.

 그렇단다. 그런데 신대륙을 발견하는 데 앞장선 조국 포르투갈을 등지고, 포르투갈과 경쟁하며 신항로 개척에 뛰어든 나라 에스파냐로 건너온 탐험가도 있단다. 한번 만나 볼까?

바스코 다 가마가 탐험한 길
1497년~1498년

마젤란과 함께 세계 일주

마젤란은 원래 포르투갈의 탐험가였어.
하지만 부상을 입고 포르투갈 배에서도 쫓겨나자 에스파냐 왕 카를로스 1세를 찾아갔지.
에스파냐는 포르투갈이 아프리카와 인도를 지나 아시아로 가는 바닷길을 개척해 독점하고는 그 길로 에스파냐 배가 다니지 못하게 한 것에 불만이 많았어.

선원들을 가장 괴롭힌 질병은 괴혈병이에요. 괴혈병은 비타민 C가 부족할 때 생기는 병이에요. 비타민 C는 채소나 과일을 통해 섭취할 수 있는데, 비타민 C가 부족하면 피부에 반점이 생기고 심하면 목숨을 잃게 될 정도로 위험하답니다.

태평양이 너무 넓어 선원들은 식량 부족으로 몹시 고생했어요. 식량이 거의 다 떨어지자 마젤란과 선원들은 얼마 안 되는 비스킷과 가죽 끈, 심지어 쥐까지 잡아먹으며 육지가 나오기를 기다렸어요. 그러다 태평양에서 푸카푸카 섬을 발견하지만, 그곳에서 물이나 음식을 발견하지 못해 실망하지요.

아무리 가도 새로운 육지가 나오지 않자 선원들의 불만은 더욱 커졌어요. 처음부터 에스파냐 사람이 아니라 포르투갈에서 온 마젤란이 선장인 것이 불만스러웠던 선원들은 '산 훌리안'에서 반란을 일으켰지만, 미리 눈치챈 마젤란한테 곧 진압되었어요.

그때 마침 마젤란이 나타나 포르투갈에서 아메리카 대륙을 지나는 새로운 서쪽 길을 개척해 향신료가 가득한 몰루카 제도에 가겠다고 나선 거야.
그러자 에스파냐 왕은 얼른 마젤란에게 배와 식량, 선원과 무기를 내주며 말했어.
"좋소! 반드시 새로운 항로를 찾아내시오."
1519년 9월 마젤란은 다섯 척의 배에 270여 명의 선원들을 싣고 머나먼 탐험 길에 올랐어.
"가자! 향신료가 가득한 섬으로!
서쪽으로 계속 가면 틀림없이 몰루카 제도가 나올 것이다!"
마젤란은 바닷물을 헤치며 항해했지만, 몇 개월이 지나도 새 육지는 나타나지 않았지.
날이 점점 추워지자 마젤란은 남아메리카 '산 훌리안'에서 머물다가
1520년 8월에 다시 남쪽으로 힘차게 항해를 시작했어.
그런데 이번에는 들쑥날쑥한 마젤란 해협이 탐험대를 기다리고 있었지.
마젤란은 한 달 넘게 걸려 겨우 해협을 빠져나왔단다.
눈앞에 펼쳐진 낯선 바다에 감격한 마젤란은 바다를 태평양이라고 이름 붙였어.
"자, 이제 곧 향신료의 섬이 나올 거야!"
하지만 아무리 배가 밤낮없이 달려도 끝없는 바다만 보였어. 태평양은 너무 넓었거든.

・ 제도는 크고 작은 여러 섬을 말해요
・・ 마젤란 해협은 남아메리카 남쪽 끝에 있는 파도와 바람이 사나운 해협으로, 마젤란이 처음으로 이 해협을 건넜다고 해서 '마젤란 해협'이라고 하지요.
・・・ 태평양은 '고요하고 평화로운 바다'라는 뜻이에요.

1500여 명의 막탄 섬 부족의 병사들은 창과 칼로 직접 부딪치며 마젤란 일행과 싸웠어요. 먼 거리에 있는 적에게만 유용했던 마젤란 일행의 총은 아무런 소용이 없었지요.

그렇게 항해를 계속한 지 3개월이 지난 어느 날이었어.
"섬이다!"
선원들의 눈앞에 작은 섬이 나타났어. 괌이었지.
그토록 찾고 싶어 했던 몰루카 제도는 아니었지만,
정말 오랜만에 보는 육지였어.
기쁨에 찬 선원들은 배에서 내려 신선한 과일과 물을 실컷 먹었어.
그리고 1521년 4월에는 필리핀의 세부 섬에 도착했단다.
마젤란은 세부 섬의 왕과 동맹을 맺고는
세부 섬 원주민들에게 기독교를 믿으라고 하며 그곳에서의 영역을 넓혀 갔어.
하지만 세부 섬 근처에 있던 막탄 섬 부족은 마젤란의 말을 듣는 것도,
기독교를 믿는 것도 거부했지.
결국 저항하는 막탄 섬 원주민들과 마젤란 일행 간의 전투가 벌어졌어.
총과 칼, 화살과 창이 난무하는 전쟁터에서
마젤란은 막탄 섬 원주민이 쏜 화살에 맞아 안타깝게 숨을 거두고 말았지.

마젤란 일행은 60명 정도밖에 되지 않았지만 대포와 총 같은 신식 무기를 가지고 있어 전투에 승리할 거라 자부했어요. 하지만 막탄 섬 주위에 대포가 실린 배를 댈 수 없었지요. 일행들은 어쩔 수 없이 배에서 내려 물속을 걸으며 바닷가 해안으로 향했답니다.

마젤란은 몰루카 제도와 같은 향료 섬들과 아시아 대륙이 아메리카와 가까울 거라고 생각했어요. 그래서 포르투갈이 이미 개척한 동쪽 길이 아닌 서쪽 길에도 희망이 있다고 생각했지요.

똑! 똑! 마젤란의 발자취를 찾아서

마젤란이 죽자 선원들은 혼란에 빠졌어. 마젤란의 부하 엘카노는 남은 선원들을 모아 간신히 그곳을 탈출하고 배를 지휘하며 서쪽으로 항해를 계속했어. 마침내 엘카노와 선원들은 1521년 11월 꿈에 그리던 몰루카 제도를 발견하고 엄청난 양의 향신료를 구해 1522년 9월 에스파냐로 돌아왔단다. 비록 탐험을 계획하고 지휘했던 선장 마젤란은 필리핀에서 목숨을 잃었지만 서쪽으로 출발해 동쪽으로 되돌아온 마젤란 탐험대는 세계 일주에 성공한 최초의 탐험대이자 지구가 둥글다는 것을 증명한 탐험대가 되었단다.

마젤란은 누구?

마젤란(1480년~1521년)은 포르투갈의 귀족 집안에서 태어났어요. 어린 시절부터 바다로 떠나는 탐험을 좋아했던 마젤란은 포르투갈의 인도 탐험에도 참여했지요. 하지만 세계 일주라는 계획을 세우고 포르투갈의 국왕에게 도움을 요청했지만 거절당해요. 그래서 1514년에 포르투갈을 떠나 에스파냐로 건너갔어요. 그리고는 에스파냐 왕의 허락을 얻어 탐험대를 이끌고 몰루카 제도로 향했지요. 마젤란은 마젤란 해협과 괌을 발견한 뒤 필리핀 제도에 도착했지만, 막탄 섬 원주민들과 싸우다 안타깝게 목숨을 잃고 말아요.

북극해

태평양을 거치며 오랜 시간 동안 식량 부족과 질병에 시달리던 마젤란 일행은 괌에 도착해 신선한 과일과 물을 먹으며 휴식을 취했어.

북아메리카

대서양

푸카푸카 섬

태평양

남아메리카

파타고니아는 '커다란 발'이라는 뜻의 포르투갈어야. 마젤란 탐험대가 이곳에서 키가 큰 원주민들을 만났다고 하여 이름 지었지.

파타고니아
산 훌리안
푸에고 섬
(티에라 델 푸에고 섬)

1520년 10월 마젤란이 발견한 해협이야. 마젤란이 이 해협을 처음으로 항해했다고 해서 '마젤란 해협'이 되었어.

마젤란은 파타고니아 사이에 나 있는 해협을 지나다가 한 섬에서 피어오르는 불을 보고 그 섬의 이름을 '불의 땅'이라는 뜻의 '티에라 델 푸에고'라고 불렀어.

마젤란과 엘카노가 탐험한 길
1519년~1521년 (마젤란)
1521년~1522년 (엘카노)

처음으로 세계 일주를 한 사람이 누굴까 궁금했는데, 바로 마젤란 탐험대였다니 정말 놀라워요!

에스파냐, 포르투갈 같은 서양 여러 나라들의 신항로 개척으로 아직 알려지지 않은 미지의 땅들이 점점 개척되기 시작했단다. 아프리카도 그런 미지의 땅 중 하나였지. 이런 아프리카를 용감하게 탐험한 사람을 만나 보자꾸나.

아프리카를 사랑한 리빙스턴

뜨거운 태양이 이글거리는 검은 대륙 아프리카에서 원주민들과
영국에서 온 선교사 리빙스턴이 힘들게 걸음을 옮기고 있었어.
리빙스턴은 자신이 발견한 아프리카 잠베지 강이
바다로 이어질 거라는 믿음을 갖고 강 서쪽으로 걸어간 거야.
리빙스턴은 원래 아프리카에 기독교를 전하려고 왔단다.
그러다 탁 트인 초원에서 한가롭게 풀을 뜯고 있는 야생 동물과
하늘과 맞닿을 만큼 큰 나무들이 만들어 낸 울창한 밀림을 보고
아프리카의 매력에 푹 빠져 버렸지.
하루는 리빙스턴이 강가에서 쉬고 있는데 비명 소리가 들려왔어.
아프리카 사람들이 발가벗긴 채 매를 맞고 있었지.
"어서 이 사람들을 풀어 주시오!"
두고 볼 수 없었던 리빙스턴이 소리쳤어.

유럽 사람들은 울창한 밀림과 야생 동물, 전염병 등의 이유로 아프리카를 몹시 위험한 땅이라고 생각했어요. 더구나 아프리카에 대해 알려진 것이 거의 없던 당시에는 아프리카 자원을 이용하기보다 그곳 원주민들을 노예로 팔아 돈을 버는 무역이 많이 이루어졌어요.

아프리카를 오래 탐험하면서 많은 질병과 열병을 앓은 리빙스턴은 몸이 몹시 쇠약해지기도 했어요. 그러나 소를 타고 다니면서 탐험을 계속하려 했답니다. 자신의 노력이 아프리카 사람들의 생활 개선에 도움을 줄 거라고 믿으면서요.

그러나 노예 상인들은 무기로 리빙스턴을 위협했어.
"상관 마시오! 다치고 싶지 않으면!"
아무것도 할 수 없었던 리빙스턴은 몹시 안타까웠어.
'아프리카로 들어가는 안전하고 새로운 길을 찾아야 해.
그러면 상인들이 노예 무역을 하지 않을지도 몰라.'
리빙스턴은 이렇게 결심하고
새로운 길을 찾기 시작했던 거야.

• 노예 무역은 농장이나 광산 등에서 일을 시키기 위해
 사람을 데려다 상품처럼 사고파는 무역을 말해요.

리빙스턴은 아프리카 내륙에서 바다로 연결된 강을 찾으면 코끼리 상아나 동물 가죽을 쉽게 구할 수 있어 유럽 사람들이 더 이상 노예 무역을 하지 않을 거라고 생각했어요.

리빙스턴은 잠베지 강의 서쪽을 향해 계속 거슬러 올라갔지만 가도 가도 바다는 나오지 않았어.
리빙스턴은 지친 일행들을 격려하며 계속 앞으로 나아갔지.
그러다 결국 몸이 쇠약해져 잠시 탐험을 중단했다가 간신히 건강을 회복하고 다시 탐험을 시작했어.
이번에는 잠베지 강 서쪽이 아닌 동쪽을 향해 내려가기로 했어.
어느 날, 리빙스턴의 귀에 벼락 치는 소리가 들려왔어.
"우와, 이게 무슨 소리지?"
리빙스턴은 소리가 나는 숲 쪽으로 눈을 돌렸어.
그곳에서는 하얀 안개가 피어오르고 있었지.
"저건 천둥소리를 내는 안개예요!"
"뭐라고? 당장 저기로 가 봐야겠다!"
"가지 마세요! 그곳은 악마가 사는 곳이에요!"
잠시 뒤 뿌연 물안개 사이로 거대한 폭포가 나타났어.
바로 빅토리아 폭포였단다.
"밀림 속에 이렇게 아름다운 곳이 있다니!"
리빙스턴은 엄청난 굉음과 함께 자욱한 안개를 피우며 힘찬 물줄기를 쏟아 내는 폭포를 넋을 잃고 바라봤어.

리빙스턴은 험한 아프리카 대륙에서 선교를 하고 원주민들의 병을 고쳐 주며 가족처럼 지냈어요. 처음엔 리빙스턴을 두려워하던 원주민들도 차츰 리빙스턴을 좋아하게 되었지요.

더욱 힘이 난 리빙스턴은 잠베지 강을 따라 계속 동쪽으로 내려갔어.
그리고 마침내 잠베지 강이 인도양과 연결되어 있다는 사실을 알았단다.
"됐어! 이제 아프리카 사람들을 도울 수 있어!"
리빙스턴은 몹시 기뻐했지.

빅토리아 폭포에서 떨어지는 엄청난 물줄기는 주변에 부연 안개를 만들었고 굉장히 큰 소리를 내 모두를 놀라게 했어요. 리빙스턴은 당시 영국 여왕의 이름을 따 이 폭포를 '빅토리아 폭포'라고 불렀어요.

리빙스턴은 자신의 탐험이 노예 무역을 줄이기는커녕 오히려 아프리카 내륙으로 통하는 길을 안내한 셈이 되었다는 사실을 깨닫고 몹시 상심했어요. 그래서 노예 무역을 막기 위해 더욱 앞장섰지요. 그리고 마침내 1873년 아프리카 잔지바르에 있는 노예 시장이 폐쇄될 수 있었답니다.

탐험을 마치고 영국으로 돌아간 리빙스턴은 영웅이 되었어.
영국 빅토리아 여왕은 아프리카 대륙을 서쪽에서 동쪽으로 횡단한
최초의 유럽인 리빙스턴에게 훈장을 내렸고,
리빙스턴의 아프리카 여행담을 담은 책은 엄청난 인기를 끌었지.
리빙스턴은 노예 무역을 없애기 위해 탐험을 했지만
아프리카 원주민들은 여전히 노예로 팔렸고 리빙스턴이 다녀간 지역은
훗날 영국과 다른 서양 열강들의 식민지가 되었단다.
하지만 리빙스턴은 아프리카 원주민들을 사고파는 노예가 아닌
동등한 사람으로 존중하고 사랑하며
그들이 더 나은 삶을 살 수 있도록 노력한 사람이었어.
개인의 아름다운 의도와 상관없이
국가의 이익이 행해지는 걸 보면 좀 씁쓸하지만 말이야.

리빙스턴은 누구?
리빙스턴은(1813년~1873년)은 영국의 의사이자 선교사이며 탐험가로 스코틀랜드에서 태어났어요. 리빙스턴은 선교 활동을 하기 위해 아프리카로 떠났다가 아프리카의 강이 큰 바다인 대서양까지 연결되어 있을 지도 모른다는 생각에 탐험가가 되기로 결심했어요. 강을 따라 바다로 가는 길을 찾을 수 있다면 무역을 더욱 편리하게 할 수 있을 것이고, 아프리카 사람들이 무서워하는 노예 무역도 없어질 거라고 생각했지요. 그리고 결국 리빙스턴은 자신이 탐험한 잠베지 강이 인도양으로 흐른다는 것을 알아냈어요. 영국의 영웅이 되고 나서도 아프리카로 돌아와 선교와 탐험으로 여생을 보낸 리빙스턴은 1873년 5월 치탐보 마을 오두막에서 무릎을 꿇고 기도하는 자세로 숨을 거두었어요. 두려움을 모르는 선교사이자 탐험가였던 리빙스턴은 그렇게 세상을 떠났답니다.

리빙스턴이 탐험한 길
1841년~1852년
1852년~1856년
1858년~1864년
1865년~1873년

아프리카 사람들을 행복하게 해 주고 싶다는 리빙스턴의 마음과 용기, 끈기가 아프리카 사람들을 사고파는 노예로만 대우하던 유럽인들의 마음을 움직일 수 있었네요.

그렇단다. 이렇게 꿈을 이루는 데에는 용기와 끈기가 매우 중요하지. 다음에 만날 탐험가도 용기와 끈기가 무엇인지를 제대로 알려 줄 거야.

남극을 탐험한 아문센

아문센은 어려서부터 북극 탐험이 꿈이었어.
그래서 북극으로 가기 위해 늘 만반의 준비를 갖추고 있었지.
그런데 어느 날, 탐험가 피어리가 북극점에 도달했다는 소식을 들었어.
아문센은 눈앞이 깜깜했지만, 곰곰이 생각하고 나서 꿈을 바꾸기로 결심했지.
"그래! 지금 가 봐야 일등은 못해. 그럴 바에 차라리 남극으로 가자!"

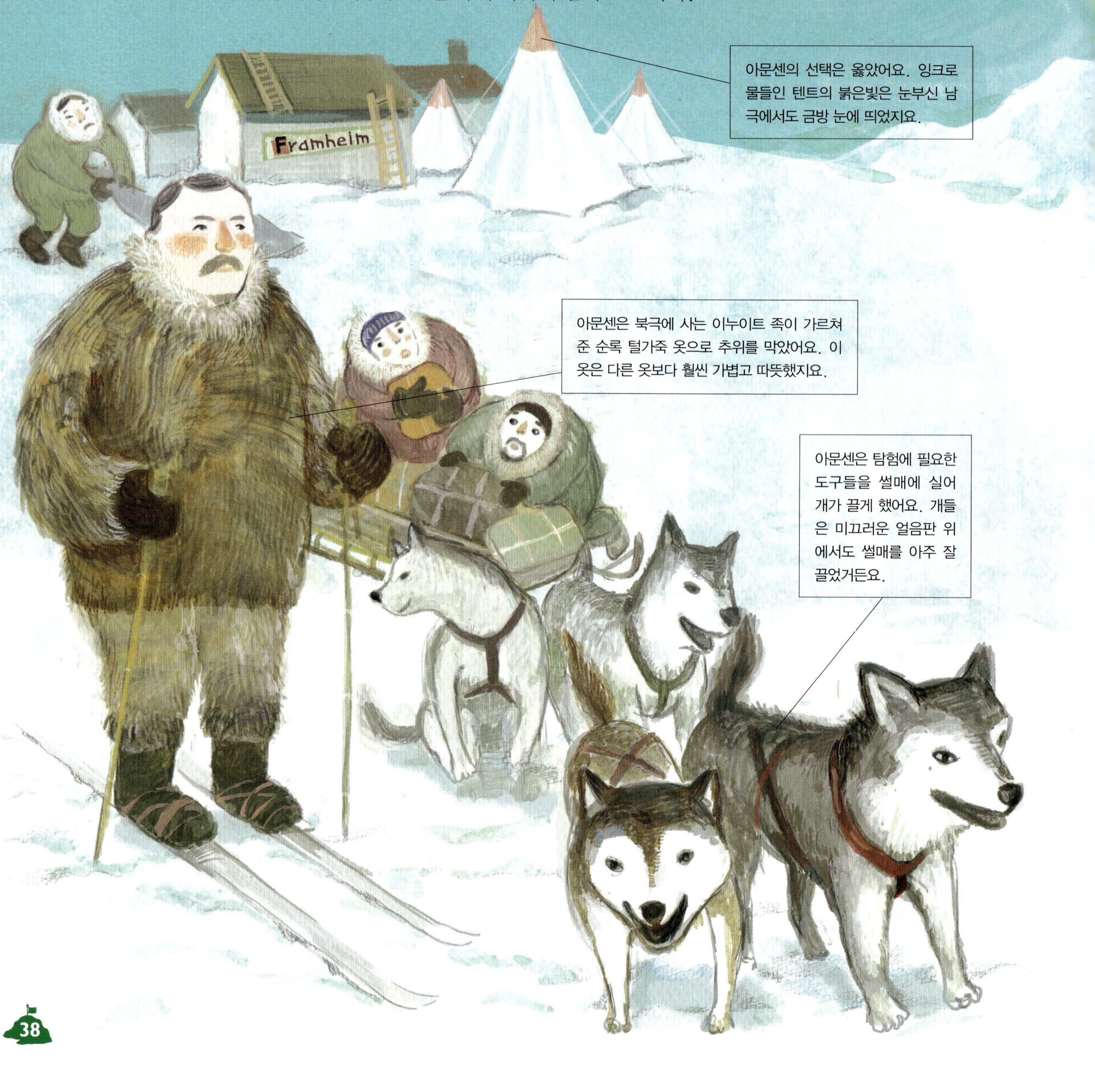

아문센의 선택은 옳았어요. 잉크로 물들인 텐트의 붉은빛은 눈부신 남극에서도 금방 눈에 띄었지요.

아문센은 북극에 사는 이누이트 족이 가르쳐 준 순록 털가죽 옷으로 추위를 막았어요. 이 옷은 다른 옷보다 훨씬 가볍고 따뜻했지요.

아문센은 탐험에 필요한 도구들을 썰매에 실어 개가 끌게 했어요. 개들은 미끄러운 얼음판 위에서도 썰매를 아주 잘 끌었거든요.

남극은 가장 늦게 정복된 대륙이에요. 1773년에는 제임스 쿡 선장이, 1820년에는 사냥꾼들이 남극을 발견했지요. 그러다 1890년대부터 얼음으로 뒤덮인 땅 남극에서 과학적이고 본격적인 탐험이 시작되었어요.

철저하게 계획을 세운 아문센에 비해 스콧은 식량과 장비조차 충분히 준비하지 않았어요. 게다가 아문센보다 10일 정도 늦게 출발하는 바람에 돌아오는 길에 엄청난 추위와 싸워야 했지요.

유용할 것 같았던 스콧의 값비싼 모터 썰매는 금방 고장이 나 쓸모없었어요. 한 대는 빙하 계곡으로 떨어졌고 남은 두 대는 고장 나 버렸지요. 하지만 스콧에게는 보트를 고칠 기술자도 부품도 없었어요. 결국 스콧 일행은 썰매를 직접 끌어야 했어요.

1911년 1월, 아문센은 로스 빙붕의 훼일스 만에 나무로 집을 짓고 캠프를 세웠어.
아문센은 아주 작은 것까지 꼼꼼하게 준비했지. 아문센의 라이벌인 영국 탐험가 로버트 스콧도
남극의 에번스 곶에 캠프를 세우고 탐험을 준비하고 있었어.
모터 썰매와 조랑말, 스키를 마련하는 등 스콧의 계획도 순조롭게 진행되는 듯했지.
1911년 10월 19일 아문센은 다섯 명의 대원과 썰매 개와 함께 남극점으로 출발했어.
살을 에는 추위는 아문센 일행을 몹시 괴롭혔어. 잠을 자는 침낭마저 꽁꽁 얼 정도였으니까.
하지만 아문센 일행은 포기하지 않고 계속 남극점을 향해 나아갔어.
해발 4천 미터의 거대한 산맥도, 삐죽 솟은 웅장한 빙하 지대도
아문센 일행의 걸음을 멈추게 할 순 없었지.
하지만 스콧의 탐험대는 처음부터 위기를 겪고 있었단다.
조랑말들이 남극에 도착하자마자 추위를 이기지 못하고 한 마리씩 죽어 버린 거야.

• 빙붕은 바닷가에 떠 있는 얼음 절벽을 말해요.

남극점을 정복한 노르웨이 탐험가 아문센보다 먼저 남극을 탐험한 사람이 있었어요. 바로 아일랜드인 탐험가 어니스트 섀클턴이었지요. 하지만 남극점 약 180킬로미터 앞에서 돌아가는 바람에 아문센에게 최초의 자리를 넘겨주어야 했답니다.

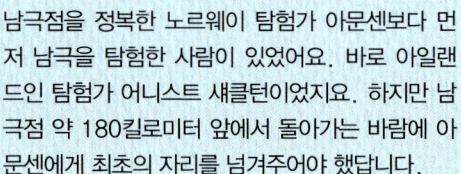

남극으로 출발한 지 55일째인 1911년 12월 14일 모두들 숨죽이고 관측기를 바라보고 있었지.

그렇게 얼마나 지났을까? 관측기의 바늘이 남위 90도를 가리켰어.

"남극점이다!"

탐험 대원들의 시선이 약속이나 한 듯 관측기 바늘로 향했지.

"드디어 우리가 남극점을 정복했다!"

"조국이여! 이곳을 당신에게 바칩니다!"

아문센은 떨리는 손으로 노르웨이 국기를 남극점에 꽂았어.

아문센의 탐험대가 세계 최초로 남극점을 정복한 순간이었단다.

• 관측기는 천체나 기상 따위를 관측하는 데 쓰는 기구를 말해요.
•• 남위는 지구를 가로로 나누는 선인 적도를 기준으로 아래쪽 90도까지 되는 지역을 말해요.

스콧 탐험대는 영국으로 다시 돌아오지 못하고 모두 남극에서 목숨을 잃었어요. 많은 영국 사람들은 죽음을 앞두고도 탐험을 포기하지 않았던 스콧을 존경하고 있지요. 스콧이 남긴 편지를 통해 스콧이 품었던 강한 탐험 의지를 읽을 수 있답니다.

아문센은 북극 탐험이라는 오랜 꿈을 이루기 위해 비행기를 타고 북극과 알래스카를 정복하는 놀라운 일을 해냈어요. 하지만 1928년 북극에서 행방불명된 동료 노빌레를 찾아 나섰다가 비행기 사고로 목숨을 잃고 말지요.

그로부터 한 달쯤 지난 1912년 1월 17일 스콧의 탐험대도 남극점에 도착했어.
하지만 남극점에는 이미 노르웨이 국기가 펄럭이고 있었지.
스콧 탐험대는 참담한 심정으로 발길을 돌렸단다.
남극점을 정복한 아문센은 남극 탐험에 만족하지 않고
북극까지 탐험하기로 마음먹었어.
어려서부터 꼭 가고 싶었던 곳이었기 때문이란다.
그리고 마침내 아문센은 비행기로 북극점을 통과했어.
아문센의 오랜 꿈이 실현되는 순간이었지.

똑! 똑! 아문센의 발자취를 찾아서

지구의 가장 남쪽에 있는 곳이야. 1911년 12월 14일, 관측기 바늘이 90도에 이르자 아문센과 탐험 대원들은 이곳에 노르웨이 국기를 꽂고 노르웨이 국가를 불렀다고 해.

12월 7일 아문센은 이곳에 마지막 데포우를 만들었어.

론 빙붕

아문센은 위도 1도씩 나아갈 때마다 데포우(저장소)를 만들었어. 탐험대는 데포우를 '바다의 오두막'이라고 불렀지.

남극 대륙

남극점

많은 탐험 보고서를 읽어 본 아문센은 이곳이 출발 지점으로 아주 이상적이라고 생각하고 로스 빙붕의 훼일스 만에 캠프를 세웠어. 그리고 1911년 10월에 남극점을 정복하러 떠났지.

로스 빙붕

로버트 스콧이 이끄는 영국 탐험대가 캠프를 설치한 곳이야. 스콧은 1911년 11월 남극점으로 출발했어.

훼일스 만   **애번스 곶**

1910년 6월 아문센은 프람 호를 타고 출발해 적도와 희망봉을 돌아 1911년 1월 로스 해에 들어섰어.

로스 해

아문센과 스콧이 탐험한 길	
1911년 10월~1911년 12월 (아문센)	———
1911년 11월~1912년 1월 (스콧)	———

주한아, 아문센은 대부분의 탐험 장비를 직접 만들었고
장비들이 눈과 얼음 속에서도 잘 견딜 수 있는지 실험했으며
꼼꼼한 현지 조사와 연구 끝에
썰매 개들에게 탐험 장비와 썰매를 끌게 했단다.
남극을 탐험하기 위한 철저한 준비와 포기하지 않는 도전 정신,
꿈을 이루려는 강한 의지가 남극점을 정복할 수 있는 길을 연 거란다.

아문센은 누구?

아문센(1872년~1928년)은 인류 최초로 남극점을 정복한 노르웨이의 탐험가예요. 노르웨이의 오슬로 근교에서 태어난 아문센은 난센의 그린란드 횡단에 감명을 받아 탐험가가 되고 싶었지만, 어머니의 뜻에 따라 의학을 공부했어요. 하지만 1893년 어머니가 돌아가시자 의과 대학을 그만두고 탐험가가 되었답니다. 오랜 꿈이었던 북극 탐험을 하고 다음에는 북극점을 정복하는 목표를 세웠지만, 피어리라는 탐험가에 선수를 빼앗기고 말지요. 방향을 바꾼 아문센은 남극으로 향하기로 하고 1910년 6월 프람 호를 타고 남극으로의 항해를 떠나 남극점을 정복, 1922년에 노르웨이로 돌아올 수 있었어요.

아빠, 탐험가들의 이야기가 이렇게 재밌는지 몰랐어요.
진작 알았으면 더 좋았을 걸 그랬어요.

그렇지? 주한이 네가 탐험가들의 이야기에
숨겨진 지식들이 놀랍고 재미있다는 것을 알게 돼서
정말 기쁘구나.

# 세계 탐험에서 진짜 나를 찾는 탐험으로!

"아빠, 탐험가들의 발견이 세계 역사를 정말 많이 바꿨네요. 대단해요."

"그렇지? 우리의 삶 하나하나가 '세계사'라는 큰 역사를 움직이는 원동력이란다.

그래서 우리의 꿈과 그 꿈을 이루기 위한 호기심, 끈기와 용기는 더욱 중요해.

나를 바꾸는 첫걸음이면서, 내가 살고 있는 세상에 큰 영향을 미칠 수 있으니까 말이야.

그런데 주한아, 네 꿈은 뭐니?"

주한이는 골똘히 생각했어요. 진짜 내 꿈은 무엇일까?

꿈을 이루기 위한 나의 작은 호기심과 노력들이 다음 세상의 역사에 어떤 영향을 미치게 될까?

이런저런 생각이 마구 떠올랐어요.

한참 뒤 주한이는 발갛게 상기된 얼굴로 잠자리에 들었어요.

그러나 아빠가 들려준 이야기들이 자꾸 머릿속을 돌아다녀

잠이 얼른 들지 않았답니다.

못다 한 세계 탐험 이야기

마르코 폴로의 중국 탐험, 콜럼버스의 아메리카 탐험,
바스코 다 가마의 인도 탐험, 리빙스턴의 아프리카 탐험,
아문센의 남극 탐험, 마젤란의 세계 일주까지!
드디어 짜릿짜릿하고 아찔아찔한 탐험 여정이 모두 끝났어요.
동물들이 마음껏 뛰노는 넓은 초원이 펼쳐진 땅,
사람들의 발길이 닿지 않는 깊숙한 밀림으로 가득한 땅,
또 차가운 눈과 얼음으로 뒤덮인 땅과
붉은 모래사막이 끝없이 펼쳐진 땅까지.
이 세상에는 신기하고 놀라운 땅들이 참 많지요.
여러분도 탐험가가 되어 새로운 세계를 발견하고 싶지 않나요?
더 넓은 세상을 향해 산으로 바다로 들로
탐험을 떠나는 것은 정말 놀랍고 신기한 경험이 될 거예요.
어쩌면 탐험가들이 미처 발견하지 못한 멋진 곳을
여러분이 발견하게 될 수도 있답니다.

아시아 중국 한나라 황제 무제의 궁전 관리였던 장건은 명을 받아 함께 북쪽의 흉노족과 싸워 줄 동맹국을 찾기 위해 당시 한나라 수도 장안에서 서쪽 나라로 출발했다. 그리고 10년이 넘는 세월이 흘러 월지국에 도착했다. 비록 동맹을 맺지 못했지만, 후에 장건이 지나온 길은 동양과 서양의 문물 교류의 장을 열어 준 실크 로드, 즉 비단길의 시작이 되었다.

아프리카 15세기에 시작된 유럽 대항해 시대에 많은 유럽 사람들이 황금을 찾으러 바로 아래 있는 아프리카로 향했다. 하지만 아프리카는 거대한 숲과 정글, 험난한 늪, 거친 물줄기의 강 때문에 탐험이 쉽지 않아 개척이 어려웠다. 그리하여 16세기부터는 황금이나 상아 등을 제외하고는 아프리카 원주민들을 노예로 데려다 사고파는 '노예 무역'이 성행하였다. 그리고 1788년에 아프리카 협회가 설립되면서 아프리카에 대한 연구와 탐험이 본격적으로 시작되었다.

오세아니아 오세아니아의 오스트레일리아(호주)는 1606년 네덜란드 사람들에게 처음 발견되었다. 영국 사람인 제임스 쿡은 뉴질랜드와 오스트레일리아가 각각 서로 떨어진 섬이라는 사실을 밝혀냈다. 쿡은 유럽에서 출발해 남아메리카를 지나 태평양을 가로질러 타히티 섬과 뉴질랜드에 도착해 마오리 족을 만나고 다시 오스트레일리아 동쪽 해안을 향해 항해하고는 다시 고향으로 돌아왔다.

북극 북극 탐험의 열기는 19세기에 절정을 이루었다. 곳곳에 떠다니는 얼음 때문에 항해하기가 어려웠지만, 수많은 탐험가들이 북극을 정복하기 위해 뛰어들었다. 로버트 피어리, 프리초프 난센 등 많은 탐험가들이 북극점 정복에 나섰다.

알래스카 덴마크 사람인 비투스 베링은 시베리아의 알래스카를 탐험한 최초의 탐험가이다. 베링은 1734년 '북방 대탐험'이라는 계획에 참가해 시베리아 북극해를 탐험하기로 결심, 러시아 캄차카 반도의 페트로파블로프스크에서 출발해 1741년 7월 알래스카를 발견할 수 있었다.

북아메리카 이탈리아 사람인 존 캐벗은 1497년 5월 2일 브리스틀을 떠나 52일 뒤인 6월 24일에 북아메리카의 뉴펀들랜드에 도착했다. 뉴펀들랜드 앞바다에서는 생선 대구가 넘쳐났다. 존 캐벗의 선원들은 엄청난 양의 대구를 잡고 새로운 어장을 개척하여 다시 영국으로 돌아왔다.

아메리카 '아메리카'라는 대륙 이름은 아메리고 베스푸치의 이름에서 왔다. 베스푸치는 1499년 5월 인도를 찾아 나섰다가 아마존 강 하구를 지나 브라질 해안까지 갔다가 다시 고국으로 돌아가야만 했다. 그리고 1501년 다시 항해를 시작해 1502년 새로운 땅에 도착했다. 그리고 콜럼버스가 발견한 적이 있었던 이 땅이 아시아의 인도가 아니라 이제껏 알려지지 않은 새로운 땅이라는 사실을 깨달았다. 이것이 유럽에 알려졌고, 발트 제뮐러라는 지도 제작자가 지도에 이 신대륙을 그려 넣으면서 발견자인 베스푸치의 이름 아메리고를 따 넣으면서 이 땅은 아메리카가 되었다.

중앙아메리카와 남아메리카 콜럼버스가 개척한 뱃길을 따라 많은 에스파냐 사람들은 아메리카 대륙을 탐험했고, 멕시코와 중앙아메리카, 남아메리카에서 아즈텍 문명과 잉카 문명을 발견했다. 특히 에르난 코르테스, 프란시스코 피사로는 황금을 찾기 위해 이 두 문명을 정복해 멸망시켰다.

글 김경희

호기심으로 세계를 탐험한 탐험가들의 용기와 끈기를 어린이들에게 전하고 싶어 이 책을 쓰게 되었어요. 대학과 대학원에서 국어국문학과 문예창작을 공부한 뒤 여러 편의 동화를 쓰고 있으며 2010년 개정된 초등학교 4학년 국어 교과서에 창작 동화가 수록되었어요. 그동안 쓴 책으로는 《우리 땅 독도》, 《고고학 탐험대, 세계 문화유산을 찾아라!》, 《그래, 결심했어》, 《짤랑짤랑! 화폐 속에서 대탈출》, 《진심으로 통하는 마음 우정》, 《쉿! 경제 사냥꾼을 조심해》 등이 있어요.

그림 조숙은

마르코 폴로나 콜럼버스 같은 탐험가들이 바라본 지구의 땅과 자연은 어떤 모습일지 떠올리면서 이 책에 그림을 그렸어요. 숙명여자대학교에서 회화를 전공하였고 방송국에서 컴퓨터 그래픽 일을 했으며 지금은 프리랜서 일러스트레이터로 활동하고 있어요. 항상 솔직하면서도 즐거운 그림을 그리려고 노력하고 있답니다. 그린 책으로는 《내가 바로 그 개예요》, 《엄마, 정말 미안해》, 《장영실》, 《불을 찾으러 간 마우이》, 《마을을 바꾼 꽃씨》 등이 있어요.

감수 최유리

아무도 가지 않은 길을 처음 가는 것이 어떤 기분일지 떠올리며 자주 여행 계획을 세우고, 마르코 폴로나 콜럼버스처럼 새로운 대륙을 탐험하는 모습을 상상하기 좋아하는 선생님이에요. 한양대학교 철학과를 졸업하고 고려대학교 교육대학원에서 역사를 공부했어요. 지금은 학생들을 가르치면서 어려운 역사 이야기를 알기 쉽게 책으로 풀어 쓰는 일을 하고 있어요.

이야기로 보는 탐험 지도책
세계를 바꾼 놀라운 발견

글 김경희 ｜ **그림** 조숙은 ｜ **감수** 최유리
펴낸날 2012년 6월 20일 초판 1쇄, 2013년 12월 20일 초판 3쇄
펴낸이 김영진

본부장 조은희 ｜ **사업실장** 김경수
편집장 박철주 ｜ **기획·편집** 김정미, 백한별 ｜ **디자인** 강륜아
펴낸곳 (주)미래엔 ｜ **주소** 서울시 서초구 잠원동 41-10
전화 마케팅 02)3475-3843~4 편집 02)3475-3924 ｜ **팩스** 02)541-8249
등록 1950년 11월 1일 제16-67호

ISBN 978-89-378-3533-9 73900

ⓒ 김경희, 조숙은 2012

책값은 뒤표지에 있습니다.
파본은 구입처에서 교환해 드리며, 관련 법령에 따라 환불해 드립니다. 다만, 제품 훼손 시 환불이 불가능합니다.

이 도서의 국립중앙도서관 출판시도서목록(CIP)은
e-CIP 홈페이지 (http://www.nl.go.kr/ecip)에서 이용하실 수 있습니다.
(CIP제어번호 : CIP2012002209)

 휴이넘은 (주)미래엔의 어린이책 브랜드입니다.